Lk 9 544

NOTE

DE M. DEJEAN DE LA BATIE

L'INDEMNITÉ DUE AUX COLONS.

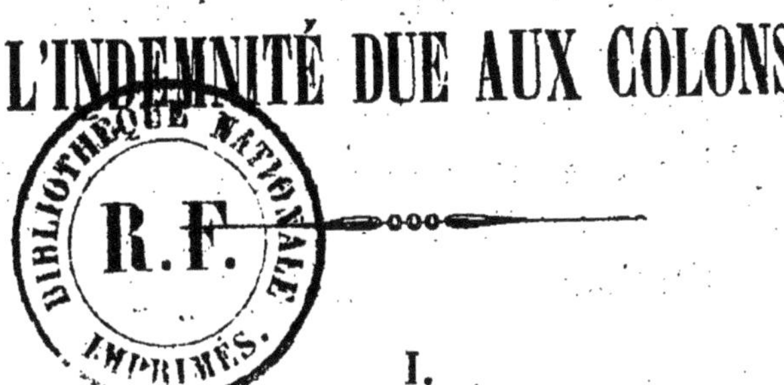

I.

La base de l'indemnité doit être légale.

1. Le droit des colons à l'indemnité repose sur la législation qui, depuis l'origine et jusqu'à ce jour, a fondé, encouragé, étendu et conservé le système colonial.

Sur la foi de cette législation, des Français ont engagé leurs capitaux, transporté leurs personnes, fondé leurs entreprises, établi leurs familles.

Les esclaves qu'ils ont possédés, c'est le commerce français qui les leur a vendus; ce sont les lois françaises qui leur en ont garanti la possession. Les esclaves qu'ils ont acquis ou aliénés, reçus ou laissés en héritage, c'est au nom du gouvernement français qu'ils en ont livré ou pris possession, obtenu ou remis les titres : car c'est la loi qui a déclaré l'esclave propriété, qui a défini la nature de cette propriété, qui a posé les règles d'après lesquelles elle devait être acquise, constatée ou perdue.

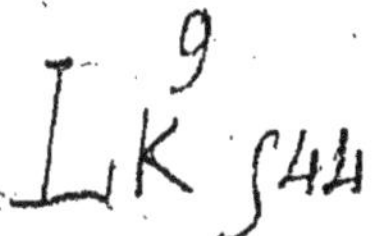

1848

Ceci n'est pas une doctrine, c'est un fait.

L'assimilation de la propriété de l'esclave aux autres propriétés, en tant qu'utile, est donc de droit. Elle a été entière, au profit du vendeur et du fisc, quant à la manière d'acquérir et de conserver; elle doit être entière, au profit du détenteur, quant à la manière de céder et de perdre.

Ce n'est point une question de droit naturel ou de philosophie : ce serait une question de droit civil, de particulier à particulier ; c'est donc une question de droit constitutionnel, de particulier à gouvernement.

2. La conséquence de tout ceci est qu'il ne doit rien y avoir d'arbitraire dans la fixation de l'indemnité due aux colons. La base de cette fixation doit être légale, comme la dépossession.

Les colons ne seraient pas légalement dépossédés, si quelque chose manquait à la légalité des formes de l'acte de dépossession. Or, il y manquerait une condition essentielle, si, après la sanction du décret de dépossession par l'Assemblée nationale, l'indemnité due pour le fait de cette dépossession n'était pas fixée conformément à certaines règles de droit qui sont, chez tous les peuples civilisés, la garantie des citoyens dépossédés par une loi.

Le gouvernement paraît croire qu'il aura fait justice quand il aura pourvu, un peu au hasard, aux nécessités de l'exploitation coloniale pendant cinq ans !

Cette conception n'a pas seulement l'inconvénient de transformer une indemnité en un secours insuffisant et arbitraire, elle a encore un caractère odieux et tyrannique, en ce qu'elle dénature l'indemnité et la détourne de sa légitime destination ; en ce qu'elle attache le colon à la glèbe dont le noir se trouvé dégagé ; en ce qu'elle rend l'exploitation obligatoire, quand le travail ne l'est pas ; en ce qu'elle tarife les possibilités du propriétaire à 37 centimes par jour, et laisse libres les exigences du travailleur... Il serait facile de prouver que de telles combinaisons ne sont pas même raisonnables : qu'il suffise de dire qu'elles ne donnent à l'indemnité aucune base légale.

Il n'y a que deux bases légales pour fixer l'indemnité due à des propriétaires dépossédés : ou celle qui résulte des formes prescrites par la loi, comme dans la procédure d'expropriation forcée pour cause d'utilité publique ; ou celle qui résulte d'un cours, d'un taux notoire ou authentique, comme dans tous les cas où le gouvernement procède, soit par voie de réquisition, soit par voie de rachat sans prix convenu à l'avance. C'est *l'arbitrage* dans un cas ; c'est la *constatation* dans l'autre.

L'arbitrage, en fait d'émancipation, n'aurait été praticable qu'à la condition de procéder successivement et individuellement, comme sous l'empire de la loi du 18 juillet 1845.

La constatation devait être adoptée pour le cas d'une émancipation en masse. Elle l'a été par l'Angleterre, qui a multiplié les enquêtes pour arriver au chiffre de 500,000,000 francs (1). Elle l'a été en

____

(1) Prix moyen des esclaves, de 1822 à 1830, dans les dix-neuf colonies émancipées :

Bermudes. . . . . 681 fr.
Bahama 748

France par la commission de Broglie, à laquelle le
travail des conseils spéciaux des colonies a fourni
la donnée de 3oo,ooo,ooo francs (1). Elle doit l'être
par le gouvernement de la République, si ce gouvernement veut être juste, et elle donne le chiffre de

Jamaïque.	1,119
Honduras.	3,306
Iles de la Vierge.	795
Antigoa	816
Montserrat	922
Newis.	980
Saint-Christophe.	909
Barbade	1,177
Dominique	1,085
Grenade	1,483
Saint-Vincent.	1,458
Tabago.	1,140
Sainte-Lucie	1,423
Trinité	2,631
Guyane.	2,864
Cap de Bonne-Espérance. . .	1,837
Maurice.	1,743

D'après ces moyennes, la valeur totale des esclaves émancipés s'é-
levait à 1,132,043,668 fr. Le chiffre de 500,000,000 ne représentait
donc que la moitié de l'indemnité; l'autre moitié était représentée
pa r le travail gratuit des esclaves pendant cinq ans en ville, et pendant sept ans aux campagnes, après le paiement de 500,000,000 fr.

Si cette seconde partie de l'indemnité n'a pas été intégralement
payée, c'est que la majorité des colonies a craint les conséquences
de la distinction entre les esclaves prédiaux et ceux des villes, et a
demandé leur libération simultanée après les cinq ans de travail im-
posés aux derniers.

(1) Prix des esclaves de 1825 à 1834, constaté dans les quatre colonies françaises par les conseils spéciaux :

Bourbon (la Réunion). . .	1,600 fr.	00 c.
Cayenne.	1,361	99
Martinique	1,200	
Guadeloupe.	1,102	43

291,600,000 fr. pour 243,900 esclaves de tout âge et de tout sexe.

Hors de cette base il n'y a plus qu'arbitraire.

II.

La situation du trésor ne justifie pas la réduction de l'indemnité.

La pénurie du trésor n'est point une raison pour réduire le chiffre que le droit et la légalité réclament, puisque l'acte du gouvernement est libre et volontaire.

D'ailleurs, il peut payer en rentes ; la nécessité justifie cette dérogation aux règles ordinaires : ce sera alors un emprunt forcé dont les indemnitaires seront les souscripteurs.

La pénurie du trésor, réelle pour le présent, n'est qu'hypothétique pour l'avenir ; elle peut donc motiver un ajournement, non une réduction.

L'objection d'une baisse probable des fonds publics n'a pas plus de valeur : car cette probabilité est toujours la conséquence d'un emprunt quelconque, et il n'y a jamais de raison pour sacrifier les uns aux autres des intérêts également légitimes. L'intérêt des rentiers porteurs des titres du trésor est respectable ; celui des colons dépossédés malgré eux ne l'est pas moins, et, en devenant rentiers à leur tour, ils sont, comme les premiers, soumis aux chances variables du crédit public.

Au reste, la probabilité d'une baisse par suite d'un emprunt nouveau est toujours proportionnée à l'importance de cet emprunt comparativement au chiffre total de la dette ; et ce n'est pas la création de 14,550,000 francs de rentes 5 pour 100 au pair qui peut occasionner une baisse sensible sur une valeur déjà existante de plusieurs centaines de millions. L'on n'a pas vu que la rente ait baissé après le dernier emprunt, quoiqu'il ait été fait dans des circonstances désastreuses, et pour des besoins d'une nature alarmante. Comment baisserait-elle quand il s'agit de conserver à la France les derniers débris de son empire maritime ? Le danger d'une baisse sérieuse est certainement ailleurs que dans les actes d'une haute justice et d'une haute intelligence.

Et, au surplus, rien n'empêche le gouvernement de délivrer aux colons des titres qui ne soient pas négociables à la Bourse, mais seulement transportables comme toutes autres créances particulières, de manière que leur circulation soit sans influence sur le cours des effets publics.

Le montant légal de l'indemnité est de 291,600,000 fr. A 5 pour 100 c'est une rente de 14,550,000 fr. ; en rentes 5 pour 100 au cours, c'est un capital de 209,520,000 fr. L'arbitraire a toute latitude ; mais la justice du gouvernement n'a que cette alternative.

III.

Paiement de l'indemnité.

Deux questions accessoires sont nées de la question principale, toutes deux d'une haute importance, toutes deux se rattachant au principe sacré de la propriété. Ces questions sont celles de la répartition et de la distribution.

1. Une exception avait pour objet de faire considé-
rer comme possédés illégalement et déclarer ingénus
les esclaves introduits dans les colonies depuis 1817.
Le comité, la commission, et le gouvernement qui a
succédé à la commission exécutive, ont compris le
danger, les difficultés et l'irrégularité de l'exception.

En effet, quant au danger, l'exception créait
deux classes de noirs, l'une d'ingénus, l'autre d'é-
mancipés, différentes toutes deux de celle des affran-
chis; et c'est à la moins civilisée, à la moins méri-
tante, que la déclaration d'ingénuité donnait un
avantage d'opinion et de titre.

Les dangers économiques n'étaient pas moindres,
soit que la base de l'indemnité fût légale, soit qu'elle
restât arbitraire. L'exception admise, ou la réduction de l'indemnité légale, proportionnellement au
nombre des esclaves restant à émanciper, condam-
nait les colonies à l'impuissance; ou l'allocation arbitraire, portée à un chiffre quelconque, passait tout
entière dans quelques mains et laissait sans res-
sources beaucoup de propriétés de formation plus
récente.

Quant aux difficultés, l'exception ne pouvait
être fixée que par une enquête dont les éléments,
s'ils existent, sont assurément fort incomplets; dont
la durée devait ajourner des mesures rendues ur-
gentes par le décret du 27 avril, et qu'une incertitude irrémédiable devait priver de toute autorité.

Quant à l'irrégularité, il est certain que l'ar-
gument d'illégitimité ne la couvrait pas, puisque la
possession des noirs introduits avant 1817 n'est pas
reconnue plus légitime en soi que celle des noirs in-

troduits depuis ; que ce n'est pas la légitimité de l'esclavage, mais seulement sa *légalité* qui fait le titre
et le droit des colons à l'indemnité ; et que, si la légalité résulte de l'autorisation d'acheter contenue
dans les lois antérieures à 1817, elle ne résulte pas
moins de la tolérance, de la prescription et de la re-
connaissance contenues dans les lois et ordonnances
postérieures à cette époque.

- Il a d'ailleurs été fait sur cette question, par ordre
de M. le duc de Montebello, un travail excellent, qui
portera sans doute la conviction dans l'esprit de tous
ceux qui en prendront connaissance, comme il l'a
portée dans l'esprit du comité, de la commission et
du gouvernement lui-même. Il n'y a donc pas lieu
d'entrer ici dans de plus grands développements.

2. La répartition doit, comme l'allocation générale elle-même, reposer sur une base légale. Elle a
lieu d'abord entre les colonies, et, ensuite, dans chaque colonie, entre les propriétaires.

La répartition entre les colonies, fondée sur le
prix moyen des esclaves dans chacune d'elles, a été
adoptée par l'Angleterre, par la commission de
Broglie et par celle qui a été, en dernier lieu, saisie de
l'affaire. C'est en effet la seule légale et équitable.

L'indemnité représente la valeur de l'objet enlevé ;
autrement elle ne serait pas *indemnité*, elle ne dé-
truirait pas le dommage.

Si l'émancipation avait été successive dans chaque
colonie, au lieu d'être simultanée, ce n'est pas hors
de la colonie émancipée qu'on eût été chercher les
éléments de l'indemnité et de la répartition entre les

propriétaires. La mesure étant générale, c'est la moyenne générale qui sert de base pour l'indemnité, et c'est la moyenne particulière qui doit servir de base pour la répartition entre chaque colonie.

Répartir l'indemnité d'après le nombre des esclaves, sans égard au prix moyen, ce serait ne tenir compte ni des dépenses faites ni des dépenses à faire. Les femmes et les enfants avaient une moindre valeur avant l'émancipation, leur travail coûtera moins après. Les hommes adultes, à force et talents égaux, ont eu aussi une moindre valeur là où la population était plus nombreuse relativement au territoire, là où le sol était moins fertile, là où de moindres capitaux étaient engagés dans les établissements, là enfin où les produits devaient être moindres ou inférieurs; c'est là aussi que le travail devra être moins cher après l'émancipation.

Depuis l'abolition de la traite, les esclaves avaient dû prendre dans chaque colonie une valeur relative, en raison directe de leurs facultés productives, et en raison inverse de leur nombre : cette valeur est la véritable base de la répartition.

Le projet du gouvernement adopte pour base de cette répartition, comme pour base du montant de l'indemnité, les salaires à payer pour le maintien du travail après l'émancipation : c'est embarrasser, c'est obscurcir la donnée ; mais ce n'est pas la changer.

Premièrement, il serait arbitraire, nous dirions presque absurde, de prétendre que la moyenne des salaires à payer pour la continuation du travail sera la même dans toutes les colonies : il est certain qu'elle ne peut pas être la même, parce que l'étendue et la fertilité plus ou moins grande des terres, et l'importance plus ou moins considérable des capitaux engagés dans les établissements, provoqueront toujours de la part des propriétaires des demandes de travail plus ou moins pressantes, et de la part des travailleurs des exigences plus ou moins grandes: Par conséquent, la répartition égale, en adoptant les salaires pour base, ne serait pas juste.

Secondement, si, en prenant les frais ultérieurs du travail dans les colonies pour base de la répartition, on se mettait dans la nécessité d'apprécier d'avance le taux moyen des salaires dans chacune d'elles, on ne pourrait arriver à une appréciation d'une justesse probable qu'en la fondant sur la valeur antérieure des esclaves.

C'est dans le passé seulement qu'on pourrait trouver quelques données pour l'avenir : il n'y a aucune raison pour croire que ce qui a été avant ne sera pas encore après; il y en a mille pour que les mêmes causes continuent d'avoir les mêmes effets. C'est donc dans les colonies où le travail a été antérieurement plus cher qu'on doit supposer qu'il sera plus cher après l'émancipation. Or, le prix des esclaves n'a pas été autre chose que l'expression des frais du travail dans des pays où le salaire journalier n'était qu'une rare exception. Si l'esclave a eu plus de valeur à la Réunion qu'à la Guyane, à la Guyane qu'aux Antilles, c'est par des causes qui produiront ultérieurement des effets semblables sur le prix de la main-d'œuvre, lorsqu'au lieu de se l'assurer par l'émission d'un capital, le propriétaire sera obligé de se la procurer par un salaire de tous les jours La recherche des frais probables du travail après l'émancipation, pour la répartition de l'indemnité, nous ramène donc à la base adoptée par l'Angleterre, par la commission de Broglie, et en dernier lieu par celle du comité des colonies, savoir : *la moyenne du prix des esclaves dans chaque colonie.*

Le projet soumis à la chambre l'adopte aussi, mais *provisoirement*, et il l'adopte parce que le gouvernement a été comme détourné de sa ligne et ramené malgré lui à la vérité par la nécessité du raisonnement. Un décret peut-il conserver à la répartition de l'indemnité ce caractère aléatoire? Ce serait jeter sur tout l'avenir des colonies une incertitude fatale au crédit. Car non seulement le travail peut être plus ou moins cher, mais il peut être plus moins réduit et interrompu. Au milieu de tant de variations et d'inégalités, quel taux, quels faits, quels résultats, pourront fournir ultérieurement la moyenne cherchée? et qui oserait donner cette moyenne comme une expression, même approximative, de l'avenir économique des colonies, plutôt que comme un effet des moyens provisoires sur lesquels on entendrait revenir?

Il est donc important que le projet adopte dès à présent une base de répartition définitive, et n'ajoute pas une incertitude de plus à toutes celles qui naissent d'un ordre de choses nouveau et sans garantie.

3. La distribution de l'indemnité aux ayant-droit a donné lieu, dans la commission Schœlcher, à des

directions (1) que réprouve une sage politique, aussi bien qu'une saine logique. De *juste et préalable* qu'elle devait être, l'indemnité est déjà devenue ultérieure par le fait de la précipitation partiale et incomplète de M. Schœlcher, qui, en se hâtant de statuer sur la dépossession, a réservé la question d'indemnité; elle menace de devenir précaire, arbitraire, éventuelle, et d'être détournée de sa légitime destination, par l'influence qu'on a laissée au sophiste sur la discussion de son œuvre.

La commission, dit M. Scœlcher, *ne reconnaît point le caractère de propriété dans la possession de l'homme par l'homme.* Mais une commission a-t-elle plus d'autorité qu'une législation qui a duré deux cents ans? Une opinion peut-elle détruire un fait? Que la commission ait raison, et que la loi ait tort, s'ensuit-il que les colons, trompés par la loi de leur pays, puissent être dépouillés arbitrairement par ceux

(1) « La commission ne reconnaît point le caractère de propriété dans la possession de l'homme par l'homme; elle voit dans l'esclavage non une institution de droit, mais un désordre social; elle tient compte des actes qui l'ont créé et des influences qui l'ont développé; elle admet que le crime a été celui de l'Etat lui-même; *mais quand elle réserve pour l'Assemblée constituante la question de dédommagement, elle la comprend dans un sens plus large que les colonies ou les ports ne le supposent. Dans le régime de l'esclavage, il y a le maître, qui possède, et l'esclave, qui est possédé; et si la France doit une indemnité pour cet état social, qu'elle a* TOLÉRÉ, *et qu'elle supprime, elle la doit bien sans doute à ceux qui en ont souffert autant qu'à ceux qui en ont profité.* Le dédommagement ne peut pas être donné à la propriété exclusivement; il doit être assuré à la colonie tout entière, afin de tourner en même temps au profit du maître et du travailleur. C'est en ces termes que la commission pose la question; elle n'a point à la résoudre. » (Extrait du rapport de M. Schœlcher.)

mêmes qui leur ont donné comme propriété ce qui n'en était pas une ?

La commission voit dans l'esclavage, non une institution de droit, mais un désordre social. Qu'est-ce donc qu'une institution de droit s'il faut ne voir qu'un désordre dans une œuvre exclusivement émanée des pouvoirs législatifs d'un royaume tel que la France, et continuée sous tous les régimes depuis le XVe siècle jusqu'en 1848 ? Était-il possible, était-il permis aux colons d'y voir autre chose qu'une institution de droit ?

La France, dit encore la commission, *supprime ce qu'elle a toléré.* Ceci est plus qu'une erreur de la part d'une commission législative : car il ne lui était pas permis d'ignorer que ce qu'elle dit avoir été seulement TOLÉRÉ, fut institué, encouragé et soigneusement réglementé, par la France.

C'est au gouvernement de la république, c'est à l'Assemblée à ne pas favoriser l'éclosion de ces mauvais germes contenus dans le rapport du ministre désigné par les conspirateurs du 15 mai. M. Schœlcher a voulu que l'indemnité due aux maîtres allât en grande partie à l'esclave, voilà son but avoué ; voilà malheureusement aussi l'esprit du projet sorti des mains du gouvernement. La subvention que le trésor accorde, en faveur des ouvriers, aux manufactures de la métropole, on veut que l'indemnité la fournisse aux manufactures des colonies en faveur des noirs.

L'indemnité est la réparation du dommage causé par la dépossession ; si l'état croit devoir aux esclaves, pour leur servitude antérieure, une réparation quelconque, c'est une question nouvelle dont la nature

et l'objet sont totalement étrangers à l'acte d'émancipation.

L'indemnité est due pour l'acte d'émancipation à
cause du tort qu'il fait, non à cause du bienfait qu'il
apporte; elle est due à ceux qui éprouvent le tort,
non à ceux qui reçoivent le bienfait.

La doctrine de M. Schœlcher sur ce point n'est
qu'un sophisme déclamatoire et passionné.

Tel est pourtant le principe auquel il faut ap-
porter les retenues et les affectations auxquelles va
donner lieu la distribution de l'indemnité dans le
projet du gouvernement.

D'abord les deux tiers de l'indemnité doivent res-
ter affectés aux cultures; sur l'autre tiers, une partie
doit servir à former le fond des comptoirs d'escompte.
C'est absolument comme si l'état avait affecté à la
solde des ouvriers dans les manufactures, et à la do-
tation des comptoirs décrétés en mars, le montant du
rachat des chemins de fer, ou le semestre de mars
et de septembre.

Voilà donc le propriétaire colon, d'une part, soumis, malgré lui, aux chances d'une spéculation financière, et d'autre part assujetti aux conditions nouvelles de l'agriculture coloniale. Ces chances peu-
vent être inacceptables, ces conditions ruineuses.
Le colon ne doit pas être condamné à les subir.

Il est impossible de prévoir tous les abus d'une
administration financière qui ne sera pas sous l'influence et dans la dépendance des intéressés; qu'il
suffise de dire qu'une association qui ne s'est pas for-
mée librement ne peut offrir aucune garantie ni in-
spirer aucune confiance.

Mais les conséquences d'une exploitation forcée des terres ne sont nullement douteuses : pour peu que les anciens esclaves, devenus libres de travailler ou de ne pas travailler, se montrent exigeants envers les maîtres, qui auront cessé d'être libres d'exploiter ou de ne pas exploiter, une seule année suffira pour que les deux tiers de l'indemnité affectés obligatoirement aux salaires passent dans leurs mains (1). Le vœu de M. Schœlcher sera accompli.

IV.

Conclusion.

Renonçons à tous ces calculs obscurs, et en apparence savants, que la moindre erreur rend inapplicables ou désastreux. Renonçons surtout à en décréter l'adoption par l'intérêt privé ; revenons aux principes simples et clairs du droit, et ne sortons pas des règles de la prudence et de la justice.

L'indemnité est due par l'Etat, parce qu'il retire un droit utile fondé par lui-même ; un droit qualifié par lui de droit de propriété, accepté de bonne foi comme tel. Que l'indemnité soit donc fixée et répartie d'après une base légale, et non arbitraire.

L'indemnité est due aux colons possesseurs d'esclaves pour le fait de la dépossession qu'ils supportent, et à eux seuls parce que l'acte d'émancipation ne cause de dommage qu'à eux ; que l'indemnité passe donc intégralement dans leurs mains, pour y

____

(1) 198,000 noirs, s'ils s'avisaient d'exiger 1 franc par jour, chose plus que probable, absorberaient en 300 jours de travail 59,400,000 francs.

représenter exactement, comme valeur, la puissance
de production et le crédit que représentait sous une
autre forme le travail des esclaves. Là seulement se
trouvera la garantie d'une libre et fructueuse exploitation ; d'une loyale exécution des contrats antérieurs; d'un fidèle accomplissement des obligations
de toute nature.

Il n'y a pas seulement dans les affaires coloniales
d'anciens maîtres et d'anciens esclaves; il y a des
débiteurs et des créanciers; il y a des associés, des
entrepreneurs, des commanditaires, des employés,
des dépositaires, des garants, des engagistes, qui
sont respectivement débiteurs ou créanciers à divers
titres.

Il ne faut pas que la fixation et la distribution
arbitraires de l'indemnité rendent inexécutable ce
qui avait été promis sous la garantie des lois, de la
bonne foi, et des gages naturels de la propriété.

Or, pour cela, il ne faut ni réduire les valeurs, ni
les déplacer ; il faut que le titre qui reposait sur l'esclave repose sur la partie de l'indemnité qui représente l'esclave, et que la transformation du gage ne
nuise pas au titre.

Il faut que la protection accordée par la loi au
débiteur contre son créancier, aussi bien que la garantie accordée au créancier contre son débiteur,
suive la propriété sous sa nouvelle forme, et que les
conditions respectives où l'un et l'autre se trouvaient
restent exactement les mêmes.

Mais immobiliser arbitrairement les deux tiers de
l'indemnité, exclure l'autre tiers d'une pareille destination, en lui en donnant une différente, mais non

moins forcée ; tout cela au mépris des engagements ou des droits des parties ; c'est s'établir juge d'inté- rêts qu'on ignore, c'est frapper en aveugle, tantôt sur le débiteur, dont on entrave la libération, tantôt sur le créancier, dont on fait périr le gage.

Le décret de l'Assemblée doit prévenir un tel désor- dre 1° en fixant, par une constatation loyale, l'in- demnité à son véritable chiffre ; 2° en la répartissant entre les colonies d'après la base, seule légale, de la moyenne antérieure du prix des esclaves ; 3° en la distribuant aux véritables ayant-droit (1).

(1) La distribution aux ayant-droit devrait être elle-même soumise à une base légale de répartition ; il ne paraît pas juste que le pro- priétaire qui n'aurait que des noirs bruts ou infirmes, ou en bas âge, reçût une indemnité égale à celui qui aurait des noirs à talents et dans la force de l'âge.

L'Angleterre avait adopté, pour cette seconde répartition, une base que nous croyons devoir être adoptée par la France : c'est celle des catégories.

Catégories adoptées par le bill anglais.

1re CATÉGORIE : Esclaves atta chés aux plantations.
  Chefs ouvriers.
  Ouvriers de 1re classe.
  Ouvriers de 2e classe.
  Laboureurs de 1re classe.
  Laboureurs de 2e classe.
2e CATÉGORIE : Esclaves ruraux non attachés aux plantations.
  Chefs d'atelier.
  Ouvriers de 1re classe.
  Ouvriers de 2e classe.
  Manœuvres de 1re classe.
  Manœuvres de 2e classe.
3e CATÉGORIE : Esclaves non ruraux.
  Maîtres ouvriers.

V. — *Projet.*

Art. 1. — L'indemnité due aux colons pour le fai t de la dépossession prononcée par le décret du Gouvernement provisoire du 27 avril dernier sera fixée d'après le prix moyen des esclaves de tout sexe et de tout âge, dans chaque colonie, depuis 1825 jusqu'en 1834.

Art. 2. — La constatation de ce prix moyen, telle qu'elle résulte des travaux antérieurs des conseils spéciaux nommés *ad hoc* dans les colonies, et du résumé de ces travaux dans la commission des affaires coloniales présidée par M. le duc de Broglie, sera soumise à la révision du Conseil d'état ; elle est provisoirement adoptée comme base de la fixation du montant de l'indemnité et de la répartition entre les colonies (1).

Art. 3. — La distribution de l'indemnité aux colons dépossédés sera faite dans chaque colonie d'après les cinq catégories établies dans le tableau annexé au présent décret, et d'après leurs sous-divisions.

Le classement sera fait, par les soins du Gouvernement local, sur les recensements de la dernière année.

(1) Le prix moyen est :

        Pour Bourbon. . . . . 1,600 fr.
        — la Guyane. 1,300
        — la Martinique. 1,200
        — la Guadeloupe. 1,102

Les femmes, les enfants, les infirmes, sont compris dans ces moyennes.

Art. 4. — Le nombre des esclaves libérés par le décret du 27 avril est provisoirement fixé à 243,000, sauf rectification ultérieure, par suite des différences qui, lors du paiement, seraient reconnues résulter soit d'erreurs, soit de naissances ou de décès antérieurs à la date du décret de dépossession.

Art. 5. — La somme de 291,600,000 fr. sera provisoirement inscrite au grand-livre comme dette de l'Etat envers les colons dépossédés, sauf réduction ou augmentation ultérieure, par suite des rectifications prévues dans l'art. 4.

Art. 6. —Le capital de 291,600,000 fr. sera payé en 10 annuités de 29,160,000 fr., à dater du 1er janvier 1849, en rentes 5 p. °|₀ au pair.

Art. 7. — L'intérêt des sommes restant dues chaque année sera servi au taux 5 p. °|₀, en numéraire, et payé dans les colonies aux ayant-droit sur les titres dont ils auront à justifier, conformément aux arrêtés qui seront rendus à cet effet par les gouverneurs.

Art. 8. — Lorsque le chiffre de l'indemnité sera définitivement fixé, par suite des révisions prévues par les art. 2 et 4, il sera délivré aux colons un titre spécial relatant le nombre, la catégorie et la sous division des esclaves, et sur lequel seront indiqués les paiements faits, soit pour les intérêts, soit pour l'amortissement du capital, ainsi qu'il a été dit art. 6 et 7.

Art. 9. Le titre délivré aux termes de l'article précédent ne sera cessible que dans les formes valables pour le transport de toute créance particulière, et il sera saisissable conformément aux règles à établir par arrêté du gouvernement rendu dans la forme des règlements d'administration publique.

Tout transport du titre, antérieur audit acte, sera nul.

ART. 10. — Un crédit de 7,000,000 fr. est ouvert au ministre de la marine et des colonies, sur l'exercice 1848, pour le service des intérêts dus aux colonies depuis le jour de la promulgation du décret du 4 mars dans chacune d'elles jusqu'au 31 décembre de la présente année.

ART. 11. — Des crédits seront ultérieurement ouverts au même ministre sur les exercices suivants pour le service des intérêts qui resteront à payer dans les années 1849, 50, 51, 52, 53, 54, 55, 56, 57 et 58.

Projet d'arrété.

Art. 1. — A partir du 1ᵉʳ janvier 1849 tout créancier pourra saisir - arrêter entre les mains du gouvernement colonial chargé du paiement de l'indemnité, et par voie de simple opposition, les fonds destinés aux indemnitaires, soit à titre d'intérts, soit à titre d'amortissement. Tout transport antérieur à cette époqu esera nul.

Art. 2. — La saisie-arrêt des sommes dues pour intérêts, pratiquée ainsi qu'il vient d'être dit, est soumise, quant à ses suites, aux règles du droit commun.

Art. 3. — La saisie-arrêt des sommes dues pour amortissement est soumise, quant à ses suites, aux exceptions de droit commun aux colonies en matière de saisie-exécution des esclaves.

Art. 4. — En conséquence, si les esclaves inscrits sur les titres des indemnitaires saisis sont désignés comme ayant été affectés à la culture, la saisie-exécution frappée d'opposition ne pourra être validée par les tribunaux ; mais elle devra être annulée comme l'aurait été celle de noirs attachés à la culture en cas d'opposition de la part du saisi.

Toutefois la saisie n'admettra point cette exception et restera soumise aux règles du droit commun, comme celle des sommes dues pour intérêts, si l'indemnitaire saisi a cessé d'être propriétaire d'un bien rural en exploitation.

Art. 5. — Le bien rural sera censé n'être point en exploitation s'il n'y existe aucune plantation.

La saisie, dans ce cas, ne devra être annulée qu'en proportion du nombre de personnes affectées à la garde des bâtiments et jusqu'à due concurrence.

Art. 6. — Un bien rural est censé être en exploitation quand il y existe des plantations, de quelque nature qu'elles soient. La saisie, dans ce cas, ne sera annulée qu'en proportion du nombre des travailleurs moyennement nécessaires pour l'entretien des plantations existantes et jusqu'à due concurrence.

Et si un nombre de travailleurs supérieur à cette moyenne se trouve affecté depuis au moins trois mois, soit à l'entretien desdites plantations, soit à des plantations nouvelles, soit à un établissement agricole, la saisie sera annulée jusqu'à concurrence de ce nombre.

Art. 7. — Pour fixer la proportion dans laquelle une saisie devra être maintenue ou annulée aux termes des art. 16 et 17, le juge aura égard au nombre d'esclaves inscrits au titre sur lequel porte la saisie.

Art. 8. — Les titres sur lesquels portent la saisie ne donnent lieu aux exceptions consacrées par les art. 6 et 7 qu'autant que les noirs qui y sont inscrits sont désignés comme, au moment de l'émancipation, affectés à une exploitation rurale, et jusqu'à due concurrence.

Art. 9. — Lorsque la saisie portant sur un titre d'indemnitaire, conformément aux art. 2 et suiv., aura été déclarée valable, le paiement aura lieu jusqu'à due concurrence entre les mains des créanciers saisissants, et la remise de ses quittances en règle avec l'excédant, s'il y a lieu, au porteur du titre, donnera lieu à la mention de paiement sur le titre.

Art. 10. — Si le saisi ne représentait pas ledit titre pour être payé en quittances, ainsi qu'il vient d'être dit, il recevrait sommation de se présenter dans le délai d'un mois, passé lequel il serait condamné à une amende de 100 fr. au moins et de 1000 fr. au plus, à prélever par privilége sur le plus prochain paiement à faire, soit pour intérêts, soit pour capital.

Art. 11. — La même retenue aura lieu sans sommation pour toute la partie des contributions de toute nature exigible depuis un an et qui n'aurait pas été payée.

Cette retenue ne pourra avoir lieu d'office, mais

seulement à la diligence et sur opposition du rece-
veur.

Art. 12. — Lorsqu'une saisie aura été annulée ou
réduite, il sera toujours loisible au créancier de pour-
suivre l'expropriation forcée, conformément au droit
commun; et, dans ce cas, la partie du titre réservée
par l'effet de l'annulation de la saisie-arrêt sera
comprise dans la saisie immobilière, et mention en
devra être faite dans les procès-verbaux, publications
et autres pièces de la procédure où la désignation
des biens est une condition de validité.

Paris. — Imprimerie de Guiraudet et Jouaust, 315, rue S.-Honoré.